Impressum:
Aquitania: la fine di una guerra". Collana "*Ai bordi della strada...* 2° edizione 2021
Autore Annemarie Nikolaus
Traduzione di Deborah Pierini
Titolo dell'edizione originale tedesca: *Am Rande des Weges* ... Aquitanien: Das Ende eines Krieges
Copyright © 2014-2021 Annemarie Nikolaus
Tutti i diritti riservati
Progetto di copertina © Annemarie Nikolaus. Foto 2010 Jean-Bernard Nadeau
ISBN 9782902412839

ANNEMARIE NIKOLAUS

Ai bordi della strada...

AQUITANIA: LA FINE DI UNA GUERRA

Indice

Introduzione

Sulle rive della Dordogna, non lontano da Bordeaux, ogni anno viene messa in scena la fine della "Guerra dei Cent'Anni" tra la Francia e l'Inghilterra. È una delle manifestazioni ad aria aperta più grandi dell'estate francese.

Quando nell'anno 1152 Eleonora d'Aquitania sposò in seconde nozze il re inglese Enrico II Plantageneto, gli portò in dote il ducato di Aquitania. Per oltre 300 anni, fino alla battaglia alle porte di Castillon del 17 luglio 1453, l'Aquitania di Eleonora, la benestante Francia sud-occidentale, rimase sotto il dominio inglese.

Paradossalmente, gli stessi abitanti di Castillon non presero proprio parte a questo avvenimento centrale della storia. Protetti dietro le mura della città, seguirono la battaglia in maniera distaccata, in un certo senso quasi come gli spettatori d'oggi guardano lo spettacolo.

Un pendio incolto con una superficie di sette ettari ai piedi del castello di Castegens funge da palcoscenico per questo pezzo di storia medievale: dista solo a uno sparo di cannone – per rimanere in tema – dalla scena dell'avvenimento storico. La rappresentazione della battaglia verso la fine del dramma utilizza l'intera superficie della collina; ci si sente più come su un set di un film che in un teatro.

La bataille – La rappresentazione

Gli spettatori si immergono nella vita medievale durante le due ore della messa in scena: viene raccontata dettagliatamente la quotidianità nelle fattorie e nelle locande; nei mercati, durante la vendemmia, nelle battute di caccia della nobiltà... Gli abitanti dell'Aquitania sono infastiditi dopo la conquista di Bordeaux del 1451 per mano dei soldati francesi e cercano di opporsi.

L'episodio storico viene vissuto dall'abbazia di Saint-Florent, che il caso ha voluto al centro di questa battaglia che modificherà gli equilibri in Europa.

Il pubblico dapprima sperimenta la preoccupazione del priore per i suoi fedeli, del cittadino per i suoi raccolti, del nobile per le sue proprietà terriere e la preoccupazione del conte Raoul per la fedeltà della moglie. Alla fine si arriva alla battaglia tra il generale inglese John Talbot e le truppe di Jean Bureau, Gran Maestro dell'Artiglieria di Carlo VII.

È uno spettacolo mozzafiato che non risparmia su pirotecnica e altri effetti. Di certo, non tutte le scene sono intuitive. Ma nel complesso è tutto messo in scena così grandiosamente che questa mancanza viene più che compensata: un'opera lirica italiana si comprende anche senza traduzione. E per i bambini questo spettacolo è senz'altro affascinante.

Perlomeno il sito web http://www.batailledecastillon.com/index_en.html ha anche la traduzione in inglese. Tra l'altro, lì è presente anche un breve video tratto dalla rappresentazione.

Da più di 30 anni il dramma viene messo in scena in una buona dozzina di sere di luglio e agosto. E nello stesso lasso di tempo si contano circa 30.000 visitatori a stagione.

Ma non è sempre la stessa rappresentazione; lo spettacolo si è ulteriormente sviluppato nel corso degli anni, da ultimo ha vissuto una graduale trasformazione tra il 2008 e il 2012 e ora si conclude con una visione ottimistica del Rinascimento.

L'organizzazione della rappresentazione è in carico all'Associazione "*La Bataille de Castillon*", che si è assunta la responsabilità di questa enorme fatica. Partendo dal restauro di antichi oggetti rari, passando per lo scenario del priorato fino alla produzione in serie di scudi, spade e pistole, il team di arredatori lavora alla realizzazione come sempre anche durante tutto l'anno.

Sono stati realizzati più di 800 costumi seguendo le annotazioni dell'enciclopedia di Eugène Viollet-le-Duc, uno storico dell'arte del XIX secolo. Oltre a ciò ci sono grembiuli, cappelli, cuffie e altri capi d'abbigliamento che devono essere sostituiti o aggiustati.

Un'altra parte dello sforzo non è visibile: nel corso degli anni, durante migliaia di ore di lavoro, sono stati scavati centinaia di metri di terra per posare cavi elettrici e tubi lunghi dei chilometri. Castillon-la-Bataille sostiene la rappresentazione dal punto di vista finanziario e logistico.

È l'evento culturale di maggior successo dell'Aquitania. Nel corso degli anni ha attirato ben più di 700.000 spettatori.

Nel complesso sono attivi circa 700 volontari della regione, davanti e dietro le quinte; solo sul "palcoscenico" sono presenti 450 attori dilettanti e 50 cavalieri. Anche un buon centinaio di animali popola lo scenario: cavalli, mucche, maiali, cani, capre, asini, pecore, colombe, oche. Molti di loro – sia uomini che animali – sono impegnati tutto l'anno per la buona riuscita delle rappresentazioni. Le prove per gli attori e i cavalieri e le ripetizioni degli addestramenti per gli animali – nella misura in cui sono necessari – iniziano in primavera.

Gli animali vengono addestrati tutti quanti insieme, come in un circo. Ogni animale conosce il proprio ruolo, riconosce la musica che accompagna il suo ingresso in scena e puntualmente diventa impaziente mentre aspetta nelle quinte.

La maialina Alice (un incrocio tra le razze Basque e Bayeux) e la sua amica Chouchou (di razza Gasconne) sono state scelte molti anni fa per il loro aspetto rustico-medievale. Interpretano i loro ruoli da così tanto tempo che non hanno più bisogno di fare le prove. Alice ha addirittura preso l'abitudine di annunciare il suo ingresso in scena con una serie di grida penetranti.

Anche il tiro di buoi di razza Lourdais e la coppia di *Blonde d'Aquitaine* padroneggiano, da lungo tempo, la scena a memoria e raramente hanno bisogno di aiuti da parte dell'addestratore. Al contrario, gli imprevedibili asini sono dei partecipanti capricciosi. I pellegrini hanno delle carote nei mantelli, in modo che gli asini li seguano; ma può succedere che interrompano la scena senza preavviso e che tornino al galoppo nella loro stalla.

Pecore, capre e oche recitano in ruoli secondari; sbucano di tanto in tanto durante le scene di vita paesana e fanno un ingresso tutti insieme alla fine del primo atto, durante il mercato di Castillon.

Ma le vere star sono i cavalli. È da loro che si esige in realtà il maggior lavoro.

Come un tempo, i cavalli da guerra dell'epoca cavalleresca, appositamente addestrati, attaccano in linea nel dramma: devono imporsi nel combattimento ravvicinato, muoversi in mezzo al trambusto dei soldati di fanteria e resistere ai contrattacchi. Non devono avere paura né del fuoco delle fiaccole né del frastuono dell'artiglieria o dei fuochi d'artificio; e non devono nemmeno reagire bruscamente di fronte all'applauso degli spettatori. Per giunta, i cavalli devono muoversi su un terreno ripido, al buio della notte, senza mettere in pericolo gli altri animali o gli attori.

La cavalleria è composta per un terzo da cavalli spagnoli e lusitani e da cavalli arabi; o cavalli castrati o giumente, di media grandezza e con un'età media di circa sette-otto anni. (Non possono più partecipare quando raggiungono l'età di diciotto anni.) Il colore del mantello determina il ruolo e il posto che vengono loro assegnati: quindi dove sono più visibili di notte, in modo che la scena affascini con forti immagini.

Provengono da quattro scuderie della Gironda. Ognuna di queste ha le proprie particolari competenze. I cavalieri allenano i loro cavalli nei propri club equestri e li preparano lì alla selezione di inizio giugno. Per motivi di sicurezza vengono presi in considerazione solo cavalli equilibrati dal punto di vista emozionale e che lavorano in piena fiducia con i propri cavalieri. Occorrono cavalli che cammino in coppia e che tirino una carrozza in fiamme; altri che seguano la carrozza in fiamme; cascatori, amazzoni e naturalmente gli ufficiali e i cavalieri degli eserciti.

Nel 2011 il torneo della scena conclusiva è stato sostituito da una sequenza poetica nella quale dieci cavalli si ritrovano sul pendio dopo la battaglia, senza sella e liberi: quattro cavalli spagnoli, cinque lusitani e un cavallo arabo di nome Pacific (scelto per la sua bellezza e intelligenza). Questa scena rimanda a nove anni dopo la battaglia, quando Luigi XI restituì gli antichi diritti e privilegi all'Aquitania.

La rappresentazione in sé inizia solo alle 22.30, ma l'area viene aperta già nel tardo pomeriggio. Intorno all'accampamento, i trovatori, i saltimbanchi e i "cavalieri" intrattengono i visitatori con dei combattimenti amichevoli. I tavoli con antichi giochi d'abilità rappresentano una sfida non solo per bambini e giovani.

Dal 2012 all'ingresso dell'area, nel "villaggio di Eleonora", viene allestita una fattoria per presentare questo piccolo mondo nella sua totalità prima dello spettacolo.

A partire dalle 19.30 una locanda "medievale" offre un menu completo per cena. Ma ci si può anche sedere sul prato per gustarsi un buon pic-nic.

La prenotazione non è obbligatoria, ma con la prevendita l'ingresso è più economico. Perlomeno si raccomanda di informarsi prima sui posti liberi, in particolare se si è intrapreso un viaggio di molte ore da un luogo di villeggiatura.

Sito web: http://www.batailledecastillon.com/

<u>Date, informazioni e prenotazione:</u>
Di norma la rappresentazione ha luogo tra metà luglio e metà agosto. Le date sono consultabili sul sito web.

<u>Ingresso:</u>
La visita è gratuita per i bambini piccoli; per i bambini dai 5 ai 11 anni sono in vigore delle tariffe ridotte.
Anche il menu può essere prenotato.

Prenotazioni tramite l'agenzia della "Bataille":
Tel: +33 05 57 40 14 53
Fax: +33 05 57 40 36 48
E-mail: info@batailledecastillon.com

La visione dello spettacolo può essere combinata con le attività a Castillon-la-Bataille nel pomeriggio. È possibile visitare una mostra (gratuita) sulla Guerra dei Cent'anni o partecipare a visite guidate a Castillon-la-Bataille e a laboratori di artigianato medievale.

La Guienna inglese

Nel 1137 morì l'ultimo duca di Aquitania. Sua figlia Eleonora sposò Luigi VII, detto il Giovane, che fu successivamente re di Francia. Subito dopo l'annullamento del matrimonio, lei sposò nel 1152 Enrico il Plantageneto, il futuro re d'Inghilterra. La potente provincia costituì la dote di Eleonora e per trecento anni diventò inglese. Fu un dominio all'insegna del benessere che rese l'Aquitania ricca come non mai.

Ma la provincia rimase, allo stesso tempo, vassallo della Francia. Desiderata da tutti, l'Aquitania fu costantemente in stato di guerra; di volta in volta, venne conquistata e riconquistata dagli inglesi e dai francesi.

L'Aquitania di quei tempi si estendeva a grandi linee sul territorio delle attuali regioni del Poitou-Charentes, del Limosino, dell'Alvernia e dei dipartimenti della Vandea, della Dordogna e del Lot. Tuttavia, a partire dal XIII secolo l'Aquitania del pieno Medioevo si dissolse e rimase la Guienna, che corrisponde all'attuale regione dell'Aquitania.

Con i rapporti di potere nella nostra stessa piccola Castillon, ci fu a quel tempo un continuo avanti e indietro. Il luogo tornò brevemente sotto il dominio francese dal 1223 al 1259. A partire dalla fine del XIII secolo Castillon è appartenuta ai conti de Foix; Sainte-Foy e Castillon vennero conquistati da Raoul de Nesles. Ma nel maggio 1303 l'intera provincia della Guienna venne restituita al re d'Inghilterra con un solenne atto nella chiesa di Saint-Emilion. Nel 1377 il duca di Angiò, fratello del sovrano francese, assediò Castillon per due settimane, dopo aver conquistato Bergerac e Sainte-Foy. Castillon venne espugnata, ma non rimase a lungo in mano ai francesi.

A quell'epoca, anche altri territori della "Francia" appartenevano temporaneamente all'Inghilterra. Ironicamente, la colpa era dei Normanni, perché avevano conquistato l'Inghilterra nell'XI secolo. Di seguito, è stato il diritto di successione a riportare continuamente parti del continente sotto il dominio del sovrano inglese di turno. O a riportare la disputa su a chi spettasse la dignità regale.

Dopo la morte di Carlo IV, Filippo di Valois, per mancanza di un erede maschio, venne nominato prima reggente e poi sovrano. Il re inglese, figlio di una principessa francese, venne rifiutato in riferimento al diritto di successione della *Lex Salica*, poiché questa nega il trono alle donne. I Pari di Francia la interpretarono, come se fosse richiesta una linea di successione maschile ininterrotta (1317, Lex Salica).

Dopo alcuni incidenti, nel 1337 Filippo VI occupò l'Aquitania dando il via a una guerra che durerà più di cent'anni. La guerra devastò la Francia e la portò, economicamente rovinata, sull'orlo della sconfitta. La svolta avvenne solo sotto la guida di Giovanna d'Arco.

Nel 1450 la Normandia tornò alla Francia. Quindi c'era la Guienna, come era chiamata la parte sud-occidentale dell'Aquitania, l'ultima parte del paese dominata ancora dall'Inghilterra. Incoraggiato dai successi militari di Giovanna d'Arco contro gli inglesi, Carlo

VII decise di avviare una campagna per la conquista della provincia.

Poi nel 1451 Jean de Dunois conquistò Bordeaux, facendo cadere formalmente Castillon e l'intera Guienna sotto il dominio di Carlo VII di Francia. Ma Gaston de Foix, il visconte di Castillon, rifiutò la sottomissione e Jean de Foix, suo figlio, aderì alla lega dei nobili di Bordeaux che opponevano resistenza. Richiamarono gli inglesi e nel 1452 il vecchio generale inglese John Talbot e le sue truppe approdarono a Bordeaux.

Infine, la battaglia di Castillon del 17 luglio 1453 segnò la conclusione della Guerra dei Cent'Anni – che in realtà durò un decennio e mezzo in più – tra la Francia e l'Inghilterra: la Guienna era definitivamente parte della Francia.

Tuttavia, gli abitanti della parte sud-occidentale non erano contenti della situazione.

Sotto la corona inglese, l'Aquitania non conosceva né miseria né oppressioni. La Magna Carta inglese era valida anche per loro e godevano di diritti civili che andavano ben oltre il non libero ordinamento degli stati medievali in Francia.

I sovrani inglesi avevano concesso autonomia ai comuni con statuti liberali. Non si doveva assolutamente immaginare l'Aquitania come un paese occupato dall'Inghilterra.

Inoltre, il porto di Bordeaux e l'Inghilterra intrattenevano un vivace traffico di merci. L'esportazione di vino, in particolare, contribuì al benessere della regione.

Viceversa, l'Inghilterra dipendeva dal vino della Guienna in quanto soffriva dei cambiamenti climatici che, a partire dal XIII secolo, avevano provocato un netto raffreddamento (piccola era glaciale). All'improvviso, questo aveva reso impossibile coltivare alcuni prodotti, per la precisione anche il vino, che prima cresceva nell'intera Inghilterra del Sud. Ma il vino era un alimento di base perché a quell'epoca era più salutare bere vino che acqua sospetta dal punto di vista igienico.

Questi rapporti economici costituivano il fondamento di legami molto stretti tra l'Inghilterra e Bordeaux, che avevano interessi comuni. Perciò nel 1451 i cittadini di Bordeaux si coalizzarono con gli inglesi contro le truppe francesi in avvicinamento. E il sovrano inglese Enrico VI, quando venne informato dello stato d'animo degli aquitani dopo la caduta di Bordeaux, fu ben felice di incaricare il generale Talbot per la riconquista. Ma poi i francesi vincitori si vendicarono di questo: il re Carlo VII proibì all'Aquitania di commerciare vino con l'Inghilterra.

Nella Francia patriotica, la rappresentazione festeggia la fine della battaglia come un successo, naturalmente. Particolarmente degne di nota sono quindi le scene come le scaramucce degli abitanti di Castillon con i soldati francesi, che mostrano onestamente quanto gli aquitani volessero rimanere inglesi. E dopo la fine della guerra i francesi non si presentarono come liberatori, anzi condussero la provincia alla povertà.

L'esportazione di vino all'Inghilterra non poté essere completamente bloccata, ma diminuì in misura minacciosa. L'esilio volontario o forzato sfoltì i ranghi della borghesia e della nobiltà. Tuttavia, alcuni anni dopo gli esiliati volontari vennero accolti a braccia aperte al loro ritorno: ad alcuni vennero addirittura restituite le loro proprietà terriere abbandonate, incluse quelle del figlio del conte, Jean de Foix, che era fuggito in Inghilterra.

Solo Luigi XI, il nuovo re di Francia, ristabilì dal 1461 gli antichi diritti e privilegi degli aquitani e concesse loro la libertà di commerciare con l'Inghilterra. Dal 1474 gli abitanti di Castillon ricevettero gradualmente indietro i loro privilegi. Jean de Foix-Candale autorizzò uno statuto con il diritto di nominare un borgomastro e due consiglieri (*jurats*), che fu confermato e ampliato da Gaston II nel 1487.

La battaglia storica

Sull'onda di una veloce "riconquista", dopo lo sbarco di Talbot, Bordeaux e Castillon aprirono le porte agli inglesi nel 1452.

Nell'estate del 1453 i francesi iniziarono il loro contrattacco e marciarono con quattro armate in direzione di Bordeaux. Una di queste avanzò attraverso la valle della Dordogna e l'8 luglio 1453 conquistò Gensac.

Poi l'armata francese si avvicinò alla fortificata Castillon, ma non assediò la città come era in realtà consuetudine in tutto il Medioevo e fino all'Età Moderna. Non voleva più conquistare la Guienna città per città, ma distruggere l'armata di Talbot per decidere il destino dell'Aquitania in un unico scontro.

Per questo motivo i francesi modificarono dunque il loro modo di procedere e attirarono l'armata di Talbot in un'area dove avevano un vantaggio strategico.

I fratelli Bureau conoscevano bene Castillon e i suoi dintorni, poiché già nel 1451 avevano attaccato la città con l'esercito di Penthièvre.

La loro armata si stabilì ad appena 2 km a est della città, in una valle sulla riva destra della Dordogna. Questa comprendeva circa 10.000 uomini provenienti "da tutte le province", con 1.800 "lance francesi"[1] e arcieri. Sotto il comando dei fratelli Bureau l'artiglieria era composta da 300 pezzi manovrati da 700 soldati, numeri che lasciavano presagire la potenza che potevano mettere in azione i francesi con questo nuovo armamento. Agli arcieri francesi si aggiungeva l'armata bretone di 1.000 soldati, di cui una cavalleria di 240 lance francesi.

[1] unità militare; spiegazione al capitolo "La fine della strategia cavalleresca di guerra". http://en.wikipedia.org/wiki/Lances_fournies

700 soldati occuparono l'abbazia di Saint-Florent nel nordest della valle e la cavalleria bretone composta da 240 lancieri fu posta in riserva a Horable, a 1,5 km a nord.

Il posto scelto offriva degli insuperabili vantaggi. A nord aveva la Lidoire alle spalle, un piccolo corso d'acqua con rive scoscese, il cui livello poteva essere alzato da una diga di sbarramento. A ovest, a sud e a est nel giro di tre giorni era stato scavato un fosso: lungo 1,6 km, largo da 5 a 6 m e profondo circa 4 m. Non era proprio un fosso di protezione dei più semplici: presentava avvallamenti che permettevano il fuoco incrociato, era protetto da una scarpata ed era stato rinforzato da tronchi d'albero. In questo modo causava un serio impedimento alla cavalleria inglese. Per concludere, l'accampamento si estendeva da nord a sud per 200-300 m e per circa 600 m da ovest a est. Davanti al campo si allargava del terreno libero per 500-600 m fino verso la Dordogna, che poteva essere attraversata solo in un guado, il *pas de Rauzan*.

Qualora il nemico fosse giunto da nord, sarebbe potuto rimanere bloccato sulle rive della Lidoire, situata nelle immediate vicinanze del campo. Se fosse arrivato da ovest, non avrebbe potuto schierarsi completamente sullo stretto lato del fronte (200 m) del posto. Se fosse venuto da sud, fino alla Dordogna il campo di battaglia non sarebbe stato protetto dal fuoco dei cannoni francesi. Quello che Talbot doveva attaccare era, in linea di principio, un accampamento di artiglieria.

In ordine di grandezza l'armata inglese era di ugual valore, se non addirittura superiore: Talbot poteva mobilitare come minimo 6.000 uomini a Bordeaux e altri 3.000 in Guascogna, che avrebbero raggiunto le sue truppe poco prima dell'attacco.

Ma Talbot fece l'errore di inviare le truppe in quantità all'attacco del campo dei francesi, in quanto raggiunsero gradualmente il campo di battaglia. Alla fine aveva circa 4.000 soldati sul posto, sempre troppo pochi per conquistare alla svelta la posizione del nemico preparata in anticipo.

Talbot era a Bordeaux e venne avvertito dagli abitanti di Castillon dell'arrivo dell'armata francese e decise di liberare la città dall'assedio.

Trascorse la notte a Libourne e la mattina del 17 luglio raggiunse i boschi al di sopra del priorato. Come gli avevano consigliato i cittadini di Castillon, Talbot piombò sulla debole guarnigione di Saint-Florent, i cui soldati fuggirono e si ritirarono verso l'accampamento sulla Lidoire. Gli inglesi costeggiarono i fianchi della montagna al di sopra del ruscello, ma dopo sanguinosi duelli corpo a corpo i fuggitivi attraversarono il piccolo fiume e si ritrovarono subito all'interno dell'accampamento.

Forse sorpresi dalle difficoltà che li avevano colpiti, gli inglesi si ritirarono per il momento sul priorato. Lì si rifocillarono e spillarono del vino da alcune botti abbandonate dai francesi.

Talbot stava per andare a messa, allorché gli riferirono che i francesi avevano lasciato il campo. Difatti delle immense nuvole di polvere si sollevarono a est, al di sopra della posizione che tenevano i francesi. Più tardi si sarebbe venuto a sapere che erano stati i paggi, che erano partiti insieme alle salmerie d'impiccio per la battaglia. Ingannato dall'apparenza, Talbot non tardò oltre e si mise in cammino con le truppe di cui disponeva per mettere in fuga i francesi.

Gli inglesi avanzarono fino alla parete esterna del fossato e cercarono di innalzare lo stendardo di Talbot all'entrata del campo francese, ma questo cadde nel fosso durante il combattimento corpo a corpo.

L'artiglieria dei francesi, comandata dai fratelli Gaspard e Jean Bureau (quest'ultimo fu Gran Maestro dell'Artiglieria di Carlo VII), ebbe avuto il tempo di prepararsi: 300 pezzi fecero fuoco contemporaneamente, caricati con le "*Mitrailles*": erano cilindri riempiti di pallottole, paragonabili a degli enormi pallini da caccia.

Il massacro fu orribile. Gli assalitori stavano talmente pigiati che non poterono né sfuggire al fuoco d'artiglieria né disperdersi. I sopravvissuti si schierarono di nuovo ma l'artiglieria francese fu velocemente, ancora una volta, pronta al combattimento.

L'artiglieria di Talbot fu troppo lenta a raggiungere il campo di battaglia in tempo. Le truppe anglo-guasconi continuarono a combattere per circa un'ora sotto il fuoco dei francesi. Poi attaccarono i bretoni, che erano in riserva a Horable con la cavalleria e si sentirono chiamati dal fragore delle cannonate. La cavalleria bretone si scagliò contro i fuggitivi e li massacrarono.

In seguito i francesi aprirono le barricate e inseguirono gli inglesi. Nella mischia della battaglia, il cavallo di Talbot rimase ucciso. Quando il generale cadde, venne colpito da un arciere francese e infine ucciso da un colpo d'ascia alla testa. Morì anche il figlio di Talbot, Lord L'Isle.

Sul campo di battaglia rimasero almeno 4.000 morti. I sopravvissuti fuggirono; alcuni cercarono di attraversare la Dordogna, ma molti annegarono. Altri si ritirarono a ovest e alcuni raggiunsero Saint-Émilion. Infine altri si nascosero a Castillon. Ma quest'ultimo rifugio aveva vita breve: infatti il 18 luglio i francesi avanzarono con l'artiglieria a Castillon e ottennero la resa della città.

Dopo che fu resa nota la morte di Talbot, capitolarono tutte le città che fino ad allora erano state in mano agli inglesi e Bordeaux si arrese senza combattere. Al castello di Pressac, a Saint-Étienne-de-Lisse, fu poi firmata la capitolazione degli inglesi.

Con questo atto non terminò solo la guerra; i sovrani inglesi non ebbero mai più accesso alla Francia.

La fine della strategia cavalleresca di guerra

Il dramma mette in scena anche la leggenda secondo la quale i soldati inglesi non sarebbero stati davvero pronti all'azione, perché avevano svuotato la cantina dell'abbazia di Saint Florent la sera prima della battaglia.

In verità, la sconfitta degli inglesi è da attribuire alla "moderna" strategia di guerra dei francesi, in particolare all'impiego massiccio dell'artiglieria in aperta battaglia campale. La fine del Medioevo coincise con un'epoca di progressi tecnologici che si stavano sviluppando molto rapidamente: ciò valeva anche per la tecnologia delle armi e la strategia di guerra.

Prima di allora, la strategia di guerra in Europa consisteva principalmente di due elementi:

Il primo era la conquista di luoghi fortificati dopo l'assedio. Di norma agli assediati si raccomandava la capitolazione poiché ciò avrebbe permesso loro di contrattare condizioni abbastanza tollerabili.

Per contro, la strategia dei fratelli Bureau in Guienna rese superflua l'interminabile e faticosa conquista città per città: la loro resistenza diventava inutile, se l'esercito avversario era stato battuto e non poteva più proteggere le città.

Le battaglie degli eserciti cavallereschi costituivano il secondo elemento. Visti da oggi questi erano sorprendentemente incruenti perché non miravano in nessun modo alla distruzione dell'avversario. Al contrario facevano del loro meglio per lasciare in vita il nemico, per una ragione piuttosto banale, in quanto per un prigioniero si poteva negoziare un riscatto. In questo modo i cavalieri finanziavano il proprio mantenimento.

Semplicemente su questo si fondò il concetto di strategia di guerra "cavalleresca". Fu in procinto di finire quando nella battaglia di Crécy dell'agosto 1346 gli inglesi non affrontarono i soldati francesi in un duello cavalleresco ma mandarono gli arcieri al fronte, i quali decimarono con le loro frecce i cavalieri attaccanti: all'epoca gli archi lunghi inglesi erano meccanicamente superiori a quelli dei francesi e avevano una gittata nettamente maggiore.

In seguito i francesi si lamentarono della mancanza di senso dell'onore degli inglesi.

Fino ad allora i cavalieri francesi erano stati i più numerosi e i più bellicosi dell'intera Europa. Ed erano partiti anche per questa battaglia per far prigionieri gli avversari di nobile rango e riempire le loro casse con i soldi del riscatto.

Ma naturalmente non poterono tornare indietro e dovettero adattarsi al nuovo modo di combattere.

Carlo VII sfruttò l'armistizio contrattato a Tours nel 1444 per riorganizzare il suo esercito. Già dal 1438 gli Stati Generali – prima nelle regioni della *langue d'Oïl* al nord (1438 e 1443), poi in quelle della *langue d'Oc* (1439) – avevano concesso al re l'opportunità di riscuotere denaro, senza che questi dovessero decidere ogni anno come succedeva in precedenza: si trattava di un tipo di mandato generale che contribuì all'introduzione di tasse permanenti. Da lì in poi il re ebbe i mezzi per mantenere un esercito fisso. Ma soprattutto poté evitare che i mercenari smobilitati si muovessero per il paese depredandolo.

Dal 1445 il re fece organizzare l'esercito in unità di base, "le lance francesi", che agivano come un gruppo composto da diverse armi: erano composte da un cavaliere, accompagnato da due arcieri a cavallo, un soldato armato di spada e di una lunga daga, un paggio e un valletto non combattenti. Cento lance formavano una compagnia: all'inizio il suo esercito fisso aveva 15 compagnie per un totale di 9.000 uomini. Erano acquartierati in guarnigioni che le città dovevano sostenere in modo da non pesare sulle casse reali in tempi di pace.

In ogni caso era la popolazione civile a dover sopportare il fardello della guerra: di solito, le zone dove si muoveva un esercito venivano saccheggiate, una semplice necessità per finanziarsi e mantenersi. Per i razziatori era totalmente indifferente se si trattava delle propria terra o di quella del nemico. Una chiara descrizione di cosa accadeva si può trovare nella "*Conjuration des Importants*" di Jean Anouil, al capitolo in cui il suo eroe segue l'esercito francese sulla strada per Rocroy.

A partire dal 1448 ogni parrocchia con 50 famiglie dovette mettere a disposizione ed equipaggiare un arciere addestrato. In cambio, questo uomo era esonerato dalle tasse: da qui il termine *"franc-archer"*. Alla fine, 8.000 uomini erano a disposizione del re; arcieri che potevano misurarsi con quelli inglesi. In aggiunta assoldava dei mercenari, come in passato, in caso ne avesse bisogno. Inoltre poteva contare su una guardia fissa Scozzese. Carlo VII aveva in totale 15.000 cavalieri mobili e ben addestrati. E battaglia dopo battaglia, gli arcieri inglesi erano sempre di meno, anche perché il loro addestramento richiedeva un considerevole lasso di tempo.

Jean Bureau, Gran Maestro dell'Artiglieria di Carlo VII, dal 1439 aveva riorganizzato l'artiglieria da campagna della Francia per incentivare l'utilizzo dei cannoni: prima l'artiglieria era stata usata soprattutto durante gli assedi.

Nel frattempo il progresso tecnologico aveva portato allo sviluppo di pezzi di artiglieria relativamente leggeri da trasportare. In aggiunta alla nuova mobilità, questa artiglieria si contraddistingueva da una maggiore forza di percussione; a causa di questa le armature degli eserciti di cavalieri diventarono definitivamente inutili.

Jean Bureau e suo fratello comandarono personalmente l'artiglieria e gli arcieri in tutte le battaglie in Normandia e in Guienna. Per la prima volta nel mondo occidentale, a Castillon Jean Bureau introdusse i cannoni in maniera massiccia in aperta battaglia campale.

Per cui la battaglia alle porte di Castillon segnò definitivamente anche la fine della strategia di guerra, nel modo in cui era stata condotta fino ad allora dal mondo europeo. L'artiglieria era superiore al concetto medievale di strategia di guerra: il combattimento ravvicinato corpo a corpo perse di significato e le armature corazzate dei cavalieri diventarono inutili.

Da vedere nei dintorni di Castillon-la-Bataille

Per chi non ha fretta: questa zona invita a rimanere lì uno o due giorni in più.

Castillon, rinominata Castillon-la-Bataille nel 1953, si trova in un importante passaggio strategico sulla Dordogna, nei pressi di Libourne, al confine tra il Bordelais e la regione del Périgord. Oggi è una cittadina di appena 3.000 abitanti.

Sono da vedere la chiesa barocca e la cappella del XII secolo dedicata a Sainte Marguerite, a Capitourlan.

Sito web della città: http://www.castillonlabataille.fr/

Sul sito dell'ufficio turistico potete trovare informazioni, anche sulle attuali manifestazioni e sulle visite guidate:

https://www.tourisme-castillonpujols.fr/

***

Castillon-la-Bataille dà il nome ai vini denominati **Castillon Côtes de Bordeaux**, coltivati nei nove comuni su un terreno di 2.850 ettari. Nel 1989 questa denominazione è stata separata dalla denominazione Bordeaux.

Nel 1060 uno dei visconti della Guienna invitò dei monaci benedettini a trasferirsi da Saint Florent de Saumur a Castillon. Costruirono il loro monastero a nord del castello e lo chiamarono allo stesso modo, Saint Florent. E si contraddistinsero per i loro vini.

Sul sito web della denominazione (AOC) sono disponibili ulteriori informazioni sui vini: http://www.castillon-cotesde-bordeaux.com/

A Castillon-la-Bataille è presente una *Maison du Vin*. È aperta dal lunedì al venerdì dalle 9.00 alle 18.00.

Maison des vins des côtes de Castillon
6 allées de la République 33350 Castillon La Bataille
Tel.: +33 05 57 40 00 88
Fax.: +33 05 57 40 06 31
E-Mail: contact@castillon-cotesdebordeaux.com

***

Ad appena 9 chilometri di distanza si erge **il castello di Michel de Montaigne** (1533-1592), una delle più grandi menti del Rinascimento francese. Nel 1885 il castello fu devastato da un incendio. Fu parzialmente ricostruito ma solo la torre può essere visitata. Ospita una mostra dedicata a Montaigne; si può vedere anche la camera in cui morì. In luglio e in agosto (fino al 24 di agosto) la torre è aperta tutti giorni, dalle 10.00 alle 18.30; poi dal mercoledì alla domenica, come nella maggior parte dell'anno. Le visite guidate nella Tour de Montaigne durano circa tre quarti d'ora.

Château de Montaigne
24230 Saint-Michel-de-Montaigne
Contatto : +33 05 53 58 63 93
info@chateau-montaigne.com

Il sito web è anche in inglese: http://www.chateau-mon-taigne.com/en/

***

A soli 12 chilometri di distanza sorge **Saint-Émilion**, centro di uno dei Cru di punta dell'Haut-Médoc. La città fu fondata nell'-VIII secolo dal monaco Émilion ed era un fulcro della vita religiosa.

Oggi è iscritta al Patrimonio dell'umanità dell'UNESCO e affascina con i suoi innumerevoli monumenti ed edifici risalenti soprattutto all'epoca romanica. A un primo sguardo, questo posto sembra un museo a cielo aperto, con i suoi monumenti e le sue rovine di epoca romanica. Ma c'è anche un secondo museo: un esteso labirinto sotterraneo.

Nella *St. Émilion souterrain*, oltre a enormi catacombe, ogni giorno si può visitare la più grande chiesa sotterranea d'Europa. La visita dura poco meno di un'ora. Un'ora e mezza invece è la durata della visita guidata in superficie nel centro storico della città, che viene offerta tutti giorni tranne la domenica. Le visite, tuttavia, sono entrambe in francese.

C'è anche una versione ridotta di entrambe le visite in **lingua inglese**, che dura in totale un'ora e mezza.

Ci sono anche una serie di eventi tematici come "Une nuit sous la révolution", un tour notturno che porta ai nascondigli sotterranei degli insorti durante la Grande Rivoluzione.

La visita nella Saint-Émilion sotterranea fa parte anche di un percorso enologico della durata di un giorno, che viene organizzato tutti i sabati da inizio aprile a inizio novembre. Per questo motivo questi "Sabati enologici" vengono chiamati con il sottotitolo "Le cose più importanti di Saint-Émilion in una giornata". Oltre alle catacombe, la giornata comprende un'introduzione all'enologia nella scuola enologica, un pranzo con degustazione di vino e la visita in un'azienda vinicola. Il programma non va offerto ai minorenni.

La scuola enologica può essere visitata tutti i giorni da metà luglio a fino agosto, indipendentemente dal programma giornaliero.

Per prenotare le visite, per le possibilità di pernottamento e per ulteriori informazioni potete rivolgervi all'ufficio turistico della città: http://www.saint-emilion-tourisme.com/

Per leggere di più

Qui potrete trovare una bibliografia più lunga con testi *"Sur l'histoire de la Guyenne"* e *"Sur la période de la guerre de Cent Ans et de la Guyenne anglaise"*: http://benito.p.free.fr/biblio.html

Revue Historique de Bordeaux: accessibile su http://search.openedition.org/index.php?op[]=AND&q[]=+Revue+Historique+de+Bordeaux&field[]=All

La guerra dei Cent'Anni su Wikipedia: https://it.wikipedia.org/wiki/Guerra_dei_cent'anni

La storia dell'Aquitania su Wikipedia: https://it.wikipedia.org/wiki/Aquitania

Sull'autrice

Annemarie Nikolaus è un'esperta in scienze sociali. Tra le altre cose, ha studiato storia e giornalismo. Dopo aver lavorato a lungo come giornalista, all'inizio del 2001 ha iniziato a scrivere opere letterarie. Dal 2011 pubblica i propri libri prevalentemente in maniera indipendente.

È nata in Assia e ha vissuto venti anni nell'Italia del Nord. Nel 2010 si è trasferita con la figlia in Francia, nell'Alvernia.

In rete trovate Annemarie qui:
Blog in italiano: http://bit.ly/2JuLrBl
Patreon: www.patreon.com/AnnemarieNikolaus
Twitter: http://twitter.com/AnneNikolaus
Facebook: www.facebook.com/AnnemarieNikolaus.Autorin

****

Pubblicazioni:

Reale Repubblica. Collana „*Mondo in fiamme"*. Romanzo storico. ISBN del tascabile 978-xx

Lume di speranza. Calendario dell'Avvento. Romanzo distopico. ISBN del tascabile 9782902412433

La Corsara. Collana «*Mondo dei draghi.*» Romanzo fantasy. ISBN del tascabile 978-xx

Ridotti al silenzio. Mini thriller. ISBN del tascabile 9782902412730

Storie di magia. Storie brevi non solo per bambini. ISBN del tascabile 9782902412693

Il cavallo di fuoco. Romanzo fantasy. ISBN del tascabile 9782902412709

Oltre la legge. Brevi gialli storici. ISBN del tascabile 9782493398048

La nipote. Collana *"Quick, quick, slow – Club di Danza Lietzensee"*. Romanzo d'amore. ISBN del tascabile 9782493398031

Ritorno al parquet. Collana *„Quick, quick, slow – Club di Danza Lietzensee"*. Romanzo sul matrimonio. ISBN del tascabile 9782902412846

Flirt con una star. Collana *"Quick, quick, slow – Club di Danza Lietzensee"*. Romanzo d'amore. ISBN del tascabile 9782902412853

Deceduto. Racconti brevi. ISBN del tascabile 9782902412648

Aquitania: La fine di una guerra. Collana *"Ai bordi della strada..."*. Guida storica ISBN del tascabile 9781535135061

Per libri in tedesco ed altre lingue consultate i siti web.

***

Crediti fotografici:

Ringrazio l'associazione "*La Bataille de Castillon*" per le foto di scena. Copyright: 2010 Jean-Bernard Nadeau

Copertina: Foto Copyright 2010 Jean-Bernard Nadeau

Stemma: Copyright Peter17 [GFDL (http://www.gnu.org/copyleft/fdl.html), CC-BY-SA-3.0 (http://creativecommons.org/licenses/by-sa/3.0/) or CC-BY-2.5 (http://creativecommons.org/licenses/by/2.5)], via Wikimedia Commons

Castello Montaigne: Copyright Henry SALOMÉ [GFDL (http://www.gnu.org/copyleft/fdl.html) or CC-BY-SA-3.0-2.5-2.0-1.0 (http://creativecommons.org/licenses/by-sa/3.0)], via Wikimedia Commons